Aure POTY & Kilian GODET

LES CHALLENGES DE pazapah

5 EUROS ET C'EST TOUT !

Photographies : Alice Bertrand

MARABOUT

INTRODUCTION

Bien manger quand on ne compte pas, c'est facile ! Mais avec un petit budget, c'est une tout autre histoire…

Depuis le début de notre aventure Instagram avec **@pazapah**, on est très souvent sollicités pour cuisiner des recettes étonnantes, faciles et sans casser la tirelire !

Alors pourquoi ne pas en faire un livre ? C'était un sacré challenge à relever, mais on l'a fait !

Tu peux dès à présent ranger tes nouilles instantanées ou ta conserve de raviolis, on va t'aider à cuisiner de délicieux menus sans te ruiner et te donner plein de tips pour faire la différence.

Pas d'excuse possible : tout est réalisable sans matériel dans une petite cuisine !

Allez, on file se régaler ?

SOMMAIRE

EXPRESS

Bâtonnets de pizza

1 PERSONNE **PRÉPARATION** 10 MINUTES **CUISSON** 10 MINUTES

INGRÉDIENTS

1 pâte à pizza

70 g de concentré de tomates

1 filet d'huile d'olive

1 cuillère à café d'origan

30 g d'emmental râpé

1 jaune d'œuf

Sel et poivre

Étape 1 Préchauffe le four à 200 °C. Verse dans un bol le concentré de tomates, le filet d'huile d'olive et la cuillère à café d'origan. Sale et poivre. Mélange le tout.

Étape 2 Déplie la pâte à pizza et étale la sauce sur la moitié de celle-ci. Ajoute les deux tiers d'emmental râpé par-dessus. Replie la moitié vierge sur l'autre. Badigeonne le tout d'un jaune d'œuf avec un pinceau. Ajoute le reste de fromage râpé.

Étape 3 Découpe ensuite 5 à 6 bandes. Tords-les en spirales et dépose-les sur une plaque recouverte de papier cuisson. Enfourne pour 10 minutes à 200 °C. C'est prêt, régale-toi !

Tomates omelettes

1 PERSONNE **PRÉPARATION** 10 MINUTES **CUISSON** 10 MINUTES

INGRÉDIENTS

1 grosse tomate (type cœur-de-bœuf)

2 œufs

1 échalote

2 cuillères à soupe de crème fraîche épaisse

1 poignée de ciboulette

Sel et poivre

Étape 1 Coupe la tomate en tranches épaisses, puis enlève le centre à l'aide d'un verre. Récupère l'intérieur de la tomate et coupe le tout très finement pour en faire de la pulpe.

Étape 2 Mets la pulpe dans un bol et ajoute les œufs, l'échalote ciselée, du sel, du poivre, la crème et la poignée de ciboulette ciselée. Mélange le tout comme une omelette.

Étape 3 Dans une poêle chaude, ajoute un peu de matière grasse et déposes-y les rondelles de tomates. Verse l'omelette à l'intérieur et laisse cuire jusqu'à ce que la texture te convienne. C'est prêt, régale-toi !

ASTUCES

Parsème tes tomates omelettes de quelques brins de ciboulette en fin de cuisson.

Nuggets géants

1 PERSONNE **PRÉPARATION** 10 MINUTES **CUISSON** 7 À 8 MINUTES

INGRÉDIENTS

1 filet de poulet
125 ml de crème fraîche épaisse
25 ml de sauce tomate piquante
100 g de farine
2 cuillères à soupe de paprika
150 ml d'huile de friture
Sel et poivre

Étape 1 Coupe le filet de poulet en lamelles et place-le dans un bol. Ajoute du paprika, du sel et du poivre. Verse la crème et la sauce tomate piquante. Mélange bien le tout.

Étape 2 Mélange la farine avec les épices (paprika et une pincée de sel).

Étape 3 Roule les morceaux de poulet dans le mélange farine et épices, de manière qu'ils soient entièrement recouverts. Plonge-les 7 à 8 minutes dans de l'huile de friture à feu moyen. C'est prêt, régale-toi !

ASTUCES

Si tu n'aimes pas la sauce piquante, remplace-la par de la sauce tomate ou du ketchup.

Poulet au curry express

1 PERSONNE **PRÉPARATION** 10 MINUTES **CUISSON** 15 MINUTES

INGRÉDIENTS

80 g de riz

1 filet de poulet

1 oignon

2 cuillères à soupe de curry

150 ml de lait de coco

1 filet d'huile d'olive

1 pincée de gros sel

Étape 1 Fais cuire le riz selon les indications du paquet.

Étape 2 Coupe le poulet en petits carrés et l'oignon en rondelles. Fais dorer le tout doucement 5 minutes dans une poêle avec un filet d'huile d'olive.

Étape 3 Ajoute le curry en le mélangeant dans un peu d'eau, puis verse le lait de coco. Laisse mijoter 5 minutes pour faire épaissir un peu la sauce. C'est prêt, tu n'as plus qu'à le servir avec le riz. Régale-toi !

ASTUCES

Si tu as un peu plus de temps devant toi, ajoute une carotte coupée en dés que tu fais revenir 15 minutes avant le poulet et l'oignon. Un vrai délice !

Poulet aux champignons

1 PERSONNE **PRÉPARATION** 10 MINUTES **CUISSON** 20 MINUTES

INGRÉDIENTS

80 g de pâtes au choix

1 filet de poulet ou aiguillettes de poulet

50 g de champignons

200 ml de crème fraîche épaisse

1 filet d'huile d'olive

Sel et poivre

Étape 1 Fais cuire les pâtes selon les indications du paquet.

Étape 2 Dans une poêle, fais saisir et colorer le poulet avec un filet d'huile 5 minutes sur feu moyen. Ajoute les champignons émincés et laisse cuire 5 minutes.

Étape 3 Verse la crème, sale, poivre et laisse cuire 10 minutes à feu doux. C'est prêt, tu n'as plus qu'à le servir avec les pâtes. Régale-toi !

ASTUCES

Ce poulet sauce champignons se mange tout aussi bien avec du riz.

Croissant salé œufs-avocat

1 PERSONNE **PRÉPARATION** 10 MINUTES **CUISSON** 5 MINUTES

INGRÉDIENTS

1 croissant

2 œufs

1 avocat

1 cuillère à soupe de mayonnaise

1 filet d'huile d'olive

Sel et poivre

Étape 1 Fais griller le croissant à la poêle ou au grill.

Étape 2 Prépare les œufs brouillés : casse les œufs dans un bol et bats-les en omelette avec un peu de sel et de poivre. Verse les œufs dans une poêle avec un filet d'huile d'olive. Fais cuire à feu doux, sans cesser de remuer jusqu'à obtenir une consistance crémeuse et réserve.

Étape 3 Coupe le croissant en deux et badigeonne-le de mayonnaise. Déposes-y l'avocat coupé en tranches et les œufs brouillés. Referme le croissant et régale-toi !

ASTUCES

Selon tes envies, ajoute une tranche de jambon, de poulet ou de saumon. C'est méga bon !

Riz cantonnais

1 PERSONNE **PRÉPARATION** 10 MINUTES **CUISSON** 15 MINUTES

INGRÉDIENTS

80 g de riz

50 g de dés de jambon blanc ou de lardons

25 g de petits pois extra-fins en boîte

1 œuf

25 ml de sauce soja

1 filet d'huile de sésame

1 noix de beurre

Sel et poivre

Étape 1 Fais cuire le riz selon les indications du paquet.

Étape 2 Une fois que le riz est cuit, verse-le dans une poêle à feu doux. Ajoute la sauce soja et l'huile de sésame. Mélange le tout. Ajoute les dés de jambon, ou les lardons, et les petits pois égouttés. Laisse mijoter encore quelques minutes, sale et poivre.

Étape 3 Fais un trou au milieu et ajoute l'œuf. Mélange le tout. Ajoute une noix de beurre et mélange avant de servir. C'est prêt, régale-toi !

ASTUCES

Tu peux aussi utiliser un reste de riz déjà cuit. La recette sera encore plus rapide à préparer !

LES BONS PLANS

LES INDISPENSABLES DU PLACARD

1 Les essentiels

• Casseroles, poêles et sauteuses
L'idéal, c'est d'avoir une petite casserole pour préparer les sauces, et une plus grande pour le reste de tes préparations ou des cuissons ! Pour les poêles, tu peux en avoir deux, voire trois pour cuisiner au quotidien. Le but est que tes aliments ne soient pas trop serrés dans une seule poêle et que tu puisses aussi t'y retrouver dans ta vaisselle !

• Le faitout
L'allié de confiance pour réaliser un plat entre amis ou un plat prévu pour plusieurs repas. Comme son nom l'indique, il fait tout !

• Le couvercle
L'accessoire non négligeable pour garder toute l'énergie de la cuisson : il te permet de réaliser une très belle cuisson à l'étouffée tout en conservant la vapeur pendant la préparation.

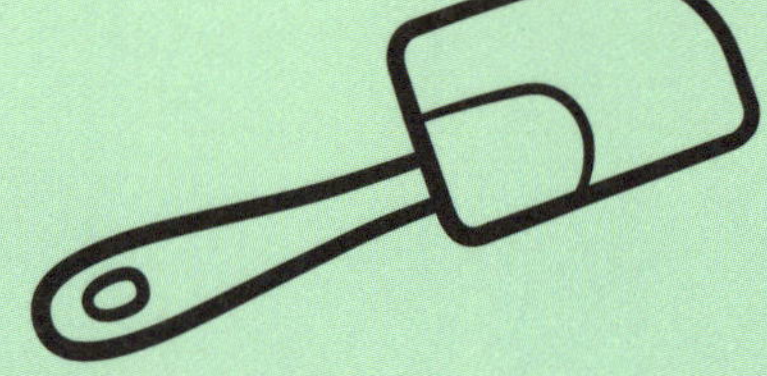

2 Les ustensiles

• Des ciseaux
Que ce soit pour ouvrir une brique de crème fraîche, un sachet de gruyère, tailler tes aromates ou encore découper une pizza, les ciseaux sont toujours les bienvenus en cuisine.

• Une cuillère
La meilleure des commis de cuisine. Elle sert partout, tout le temps, pour mélanger, pour servir… Et en bois ! Sait-on jamais, elle peut fondre si elle est trop près du feu. Petite astuce, pense à placer une cuillère en bois sur la casserole quand tu fais chauffer de l'eau, ça permet d'éviter qu'elle ne déborde.

• Une spatule
Il existe des tonnes de spatules différentes, mais l'idée est d'en avoir une plate pour retourner les aliments dans la poêle – des nuggets, des crêpes, l'œuf…

3 La vaisselle

• Des assiettes
Pars sur une base de 4 assiettes plates. et vérifie que la taille de tes assiettes rentre dans ton micro-ondes. C'est toujours plus pratique pour réchauffer un plat...

• Des couverts
Pour manger, bien sûr, mais ils sont aussi indispensables comme ustensiles de cuisine. Par exemple, une fourchette pour battre les œufs, ou une cuillère à soupe pour mesurer les quantités de sucre.

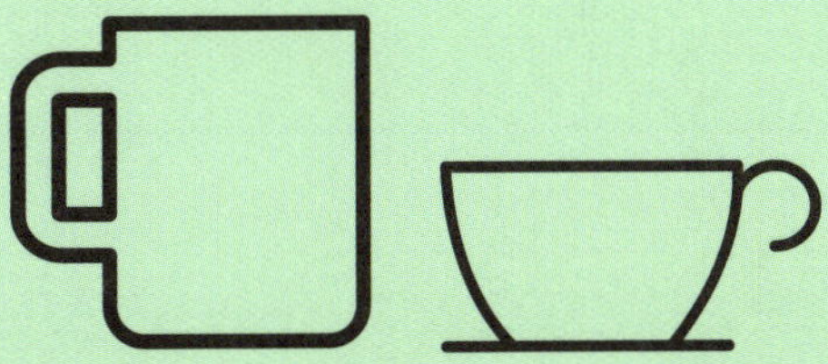

• Des bols
En avoir deux ou trois, c'est top !
Le petit plus : le bol permet de réaliser des dômes pour la présentation de tes plats avec du riz ou de la semoule.

• Des tasses ou mugs
Pour le café ou le thé, ou encore la tisane du soir, à toi de juger la taille du mug en fonction de tes habitudes. Il peut se détourner pour servir de récipient à mug cake.

• Un saladier ou cul-de-poule
Pour préparer tes recettes, mais aussi réaliser des salades, le saladier est un must-have !

4 Les accessoires

• La planche à découper
Choisis une planche à découper en bois, plus hygiénique et plus robuste, elle est en plus super simple à nettoyer avec de l'eau et un frottage manuel.

• L'économe
Aussi appelé épluche-légumes, il est essentiel en cuisine. En plus, éplucher les fruits ou légumes a de grandes vertus déstressantes, alors, à toi les tartes aux fruits ou légumes, les purées ou encore les compotes en mode ultra zen !

• La passoire
L'incontournable des pâtes, du riz et autres féculents, mais pas seulement ! Tu peux aussi t'en servir pour tes fruits et légumes lorsque tu les laves ou encore pour cuire à la vapeur !

• Le verre doseur
Il indique les quantités pour la fécule, le riz, le sucre, la semoule, la farine, le cacao et les liquides. Indispensable pour la pâtisserie.

• Un tire-bouchon
Choisis un 2-en-1 qui fait aussi décapsuleur. Plus besoin de chercher un tuto pour ouvrir une bouteille sans tire-bouchon, tu seras équipé(e).

• Les torchons de cuisine
Le torchon est un incontournable de la cuisine ! Et chacun a son utilité : que ce soit pour essuyer la table, les mains ou la vaisselle, on n'utilise pas le même. Tout est une question d'hygiène. Prévois d'en avoir quelques-uns de propres à proximité de ta cuisine.

POSTA

Les coquillettes de mamie

1 PERSONNE **PRÉPARATION** 5 MINUTES **CUISSON** 15 MINUTES

INGRÉDIENTS

80 g de coquillettes

1 tranche de jambon

30 g de comté

1 cube de bouillon de légumes

300 ml d'eau

50 ml de crème fraîche épaisse

Sel et poivre

Étape 1 Prépare tes ingrédients : coupe le jambon et le comté en carrés. Réserve.

Étape 2 Prépare le bouillon : verse l'eau dans une casserole et ajoute le cube de bouillon. Fais chauffer le tout jusqu'à ce que le cube de bouillon soit dissous.

Étape 3 Dans une grande poêle, ajoute les coquillettes crues, le jambon et le comté coupés. Verse le bouillon et la crème par-dessus. Fais cuire le tout 15 minutes à feu moyen en mélangeant régulièrement. C'est prêt, régale-toi !

Le plat réconfortant par excellence, parfait pour les jours de flemme comme le dimanche soir.

Pasta du soleil

1 PERSONNE **PRÉPARATION** 5 MINUTES **CUISSON** 15 MINUTES

INGRÉDIENTS

1 courgette
50 g de tomates cerises
1 gousse d'ail
1 boule de mozzarella
80 g de pâtes au choix
1 filet d'huile d'olive
Sel et poivre

Étape 1 Préchauffe le four à 200 °C. En attendant, coupe la courgette en rondelles. Dans un plat à gratin, place les rondelles de courgette, les tomates cerises entières et la gousse d'ail émincée. Sale, poivre et mélange bien. Ajoute un filet d'huile d'olive, puis enfourne 15 minutes à 200 °C.

Étape 2 Pendant ce temps, fais cuire les pâtes selon les indications du paquet et coupe la mozzarella en dés. Égoutte les pâtes et réserve-les.

Étape 3 Une fois que les légumes sont cuits, verse-les avec les pâtes cuites et les cubes de mozzarella dans le plat. Mélange. C'est prêt, régale-toi !

Mac & cheese

1 PERSONNE **PRÉPARATION** 5 MINUTES **CUISSON** 15 MINUTES

INGRÉDIENTS

80 g de pâtes au choix

75 ml de crème fraîche semi-épaisse

50 g de cheddar râpé

1 pincée de paprika

Sel et poivre

Étape 1 Fais cuire les pâtes selon les indications du paquet. Égoutte-les et remets-les dans la casserole (hors du feu).

Étape 2 Ajoute la crème fraîche, le cheddar râpé, le paprika, le sel et le poivre, puis mélange bien.

Étape 3 Fais cuire le tout à feu moyen pendant 5 minutes en mélangeant régulièrement. C'est prêt, régale-toi !

ASTUCES

Si tu n'as pas de cheddar râpé, tu peux prendre quelques tranches de fromage à croque-monsieur. Un vrai régal !

Gnocchis aux tomates cerises

1 PERSONNE **PRÉPARATION** 10 MINUTES **CUISSON** 10 MINUTES

INGRÉDIENTS

100 g de gnocchis

50 g de tomates cerises

1 filet d'huile d'olive

1 cuillère à soupe d'herbes de Provence

30 g d'emmental râpé

Sel et poivre

Étape 1 Fais cuire les gnocchis selon les indications du paquet.

Étape 2 Dans une poêle, fais revenir les tomates cerises coupées en deux avec un filet d'huile d'olive. Ajoute les gnocchis cuits, les herbes de Provence et l'emmental râpé. Sale et poivre.

Étape 3 Mélange le tout et fais cuire pendant 5 minutes. C'est prêt, régale-toi !

ASTUCES

Les gnocchis à poêler font très bien l'affaire, rien de tel pour ajouter à cette recette une touche de croquant.

Salade de pâtes au poulet

1 PERSONNE **PRÉPARATION** 10 MINUTES **CUISSON** 10 MINUTES

INGRÉDIENTS

80 g de pâtes de ton choix
½ poivron
1 filet de poulet
80 g d'emmental
30 g de salade (type batavia)
1 filet d'huile neutre
1 filet de vinaigrette
Sel et poivre

Étape 1 Fais cuire les pâtes selon les indications du paquet. Égoutte-les et passe-les sous l'eau froide pour arrêter la cuisson, puis réserve.

Étape 2 Épépine le demi-poivron et coupe-le en lamelles. Fais revenir le poivron et le poulet à la poêle avec un filet d'huile pendant 10 minutes. Sale et poivre. Une fois que c'est cuit, réserve le poivron et coupe le poulet en lamelles.

Étape 3 Dans un bol, mélange les pâtes avec le poulet, l'emmental coupé en dés, le poivron et la batavia. Verse un filet de vinaigrette par-dessus. C'est prêt, régale-toi !

À twister selon tes goûts !
Remplace le poulet, le poivron et l'emmental par :
- ***du jambon coupé en lamelles et de l'emmental coupé en dés ;***
- ***du saumon et du fromage frais ;***
- ***des tomates et du poivron crus.***

Bouillon aux tortellinis

1 PERSONNE **PRÉPARATION** 5 MINUTES **CUISSON** 10 MINUTES

INGRÉDIENTS

80 g de tortellinis au jambon cru

1 cube de bouillon de légumes

40 g de parmesan râpé

Étape 1 Fais chauffer de l'eau dans une casserole avec le cube de bouillon jusqu'à ce qu'il soit complètement dissous.

Étape 2 Ajoutes-y les tortellinis et fais-les cuire selon les indications du paquet. Une fois que c'est cuit, verse les pâtes avec le bouillon dans une assiette creuse ou un bol.

Étape 3 Parsème de parmesan râpé. C'est prêt, régale-toi !

ASTUCES

Pour que ton bouillon de légumes se dissolve plus rapidement, émiette-le au préalable.

Pasta raclette

1 PERSONNE **PRÉPARATION** 5 MINUTES **CUISSON** 25 MINUTES

INGRÉDIENTS

80 g de pâtes
1 cube de bouillon de légumes
75 ml de crème fraîche épaisse
1 tranche de jambon
2 tranches de fromage à raclette

Étape 1 Prépare le bouillon : verse de l'eau dans une casserole et ajoute le cube de bouillon. Fais chauffer le tout 5 minutes jusqu'à ce que le cube de bouillon soit complètement dissous. Réserve.

Étape 2 Verse les pâtes crues dans une grande poêle. Couvre-les du bouillon à hauteur. Ajoute la crème et fais cuire le tout 15 minutes.

Étape 3 Une fois le temps écoulé, ajoute le jambon coupé en lamelles et le fromage à raclette. Fais mijoter encore 5 minutes et mélange le tout. C'est prêt, régale-toi !

ASTUCES

Récupère les restes de ta dernière raclette !

Les bons plans

COMMENT CUISINER TES RESTES ?

1

Rien de mieux qu'un reste de pâtes ou de riz

• Transforme-les en gratin
Tu peux réaliser un gratin très facilement avec tes restes de pâtes ou de riz. Ajoute de la béchamel ou de la sauce tomate. Parsème le plat de fromage et, hop, fais gratiner le tout au four 5-10 minutes à 200 °C.

• Prépare-toi une salade complète
Mélange tes restes de pâtes ou de riz avec de la salade, des légumes, du poisson (thon, crevettes...) ou de la viande (jambon, chorizo...) et quelques morceaux de fromage selon ton envie. Assaisonne le tout avec une bonne vinaigrette et tu obtiendras une salade complète, prête en quelques minutes et idéale pour un déjeuner sur le pouce.

• Fais-toi une bonne omelette bien rassasiante
Mélange tes restes de pâtes ou de riz à des œufs battus pour en faire une omelette. Ça va bien te caler pour le déjeuner ! Ajoute quelques herbes et légumes qui traînent dans ton frigo. Fais cuire le tout 5 minutes à la poêle. Avec du riz, ça peut même partir en riz cantonnais !

2 Transforme ton pain rassis

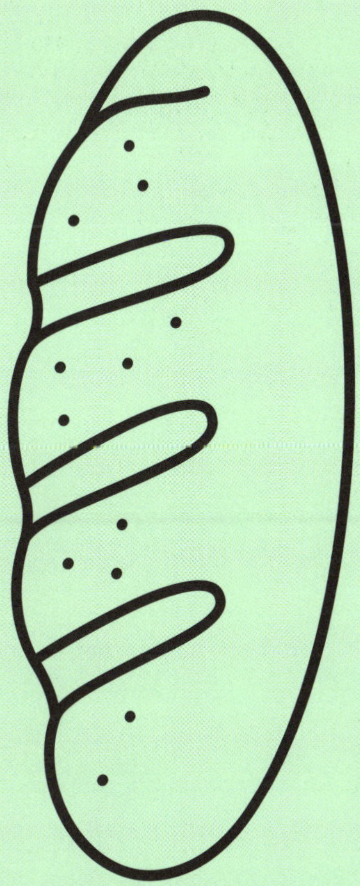

• Fais ta propre chapelure de pain dur
Coupe le pain dur en morceaux, mets-le dans un mixeur, ou émiette-le à la main. Mélange la chapelure obtenue avec quelques épices, et utilise-la pour paner tes viandes et tes légumes !

• Garnis de pain de la chair à saucisse pour préparer de bonnes tomates farcies
Fais tremper le pain rassis dans de l'eau pendant 5 minutes, essore-le et ajoute-le dans un bol avec de la chair à saucisse et des oignons coupés finement. Poivre le tout. Tadam, il ne te reste plus qu'à faire des boules et à farcir tes tomates !

• Régale-toi avec un bon pain perdu
Coupe le pain et dépose-le dans du lait sucré avec des œufs. Patiente quelques minutes le temps qu'il s'imbibe et fais-le revenir dans une poêle avec du beurre. Une recette très très réconfortante !

• Ambiance ta soupe avec des croûtons
Coupe le pain rassis en dés, enduis-les d'huile d'olive et saupoudre-les d'épices et d'herbes. Fais-les dorer à la poêle. C'est prêt ! Hop, dans ta salade ou ta soupe !

3 Réutilise tes légumes le lendemain

Les poêlées de légumes se recyclent très bien le lendemain, que ce soit en salade accompagné de céréales, de poulet ou de fromage frais. Un filet d'huile et de vinaigre, et c'est parti pour un plat gourmand et équilibré.

WRAPS & CO

Petit wrap poulet-cheddar

1 PERSONNE **PRÉPARATION** 5 MINUTES **CUISSON** 15 MINUTES

INGRÉDIENTS

1 tortilla

1 filet de poulet pané

10 g de corn-flakes

30 g de cheddar râpé

20 g de salade (type iceberg)

1 cuillère à soupe de mayonnaise

Étape 1 Fais cuire le filet de poulet pané à la poêle 5 minutes de chaque côté, réserve. Écrase les corn-flakes et réserve.

Étape 2 Pose la tortilla à plat et dépose au centre le cheddar râpé, puis le poulet pané coupé en lamelles, la mayonnaise, les corn-flakes et la salade.

Étape 3 Replie les côtés (gauche et droit) puis referme le wrap en le roulant de bas en haut. Fais revenir le wrap à la poêle 2 minutes de chaque côté. C'est prêt, régale-toi !

ASTUCES

Pour plus de gourmandise, ajoute des oignons frits si tu en as dans tes placards !

Sandwich tomate-mozza

1 PERSONNE **PRÉPARATION** 5 MINUTES **CUISSON** 2 MINUTES

INGRÉDIENTS

2 tranches de pain de campagne

1 boule de mozzarella

1 tomate

30 g de pesto

Étape 1 Coupe la mozzarella et la tomate en tranches. Réserve.

Étape 2 Fais griller les tranches de pain (au grille-pain, au four ou à la poêle).

Étape 3 Tartine les tranches de pain de pesto. Ajoute les tranches de mozzarella et de tomate. C'est prêt, régale-toi !

ASTUCES

Utilise du papier absorbant pour essuyer la tomate et la boule de mozzarella afin d'éviter que ton pain ne s'imbibe trop d'eau.

Bruschettas à l'italienne

1 PERSONNE **PRÉPARATION** 10 MINUTES **CUISSON** 2 MINUTES

INGRÉDIENTS

½ baguette de pain

2 tomates

1 gousse d'ail

3 cuillères à soupe d'huile d'olive

Quelques feuilles de basilic frais

Sel et poivre

Étape 1 Coupe les tomates en petits dés. Place-les dans un saladier et arrose-les d'huile d'olive. Ajoute l'ail haché et quelques feuilles de basilic ciselé. Sale et poivre puis mélange bien.

Étape 2 Coupe la baguette de pain en tranches (assez épaisses), puis fais-les griller au grille-pain ou sous le grill du four.

Étape 3 Tartine les tranches de pain grillé de la préparation à base de tomates. C'est prêt, régale-toi !

ASTUCES

Si tu es un gourmand(e), ajoute de la mozzarella et une fine tranche de jambon de Bayonne. Trop trop bon !

Pancakes jambon-fromage

1 PERSONNE **PRÉPARATION** 5 MINUTES **CUISSON** 10 MINUTES

INGRÉDIENTS

1 œuf

75 ml de lait

80 g de farine

1 cuillère à café de levure chimique

2 tranches de jambon (ou de dinde/poulet)

4 tranches d'emmental

Sel et poivre

Étape 1 Mélange le lait et l'œuf. Ajoute ensuite la farine, la levure, le sel et le poivre.

Étape 2 Dans une poêle bien chaude, verse une petite louche de pâte. Dépose une tranche de fromage, une tranche de jambon et à nouveau une tranche de fromage. Recouvre d'une petite louche de pâte et laisse cuire 1 à 2 minutes à feu doux.

Étape 3 Retourne délicatement le pancake et laisse-le cuire à nouveau 1 à 2 minutes. Retire du feu et répète l'opération avec les ingrédients restants.
C'est prêt, régale-toi !

Samoussas bœuf & oignon

1 PERSONNE **PRÉPARATION** 10 MINUTES **CUISSON** 15 MINUTES

INGRÉDIENTS

4 feuilles de brick

4 carrés de fromage frais

80 g de bœuf haché

1 oignon

1 cuillère à café de paprika

Huile pour la cuisson

Sel et poivre

Étape 1 Dans une poêle, fais revenir l'oignon émincé et ajoute la viande hachée avec le paprika, le sel et le poivre. Fais cuire le tout pendant 10 minutes à feu moyen. Verse la viande hachée dans un bol et ajoute les fromages frais. Mélange le tout.

Étape 2 Coupe 1 feuille de brick en deux, puis plie-la en deux. Dépose le mélange. Plie le samoussa et renouvelle l'opération.

Étape 3 Fais chauffer de l'huile dans une poêle. Dépose les samoussas et fais-les cuire 2 minutes de chaque côté jusqu'à ce qu'ils soient bien dorés. C'est prêt, régale-toi !

ASTUCES

Tu peux servir les samoussas avec une sauce aigre-douce. Gourmandise garantie !

Cheeseburger maison

1 PERSONNE **PRÉPARATION** 10 MINUTES **CUISSON** 10 MINUTES

INGRÉDIENTS

1 pain à burger

1 noix de beurre

1 steak

1 tranche de cheddar

1 cornichon

½ oignon

1 cuillère à soupe de ketchup et de moutarde

Étape 1 Fais dorer le pain à burger 1 minute à la poêle avec un morceau de beurre. Fais cuire le steak à la poêle et ajoute la tranche de cheddar par-dessus.

Étape 2 Ajoute sur la base du burger le steak grillé avec le cheddar fondu, le cornichon coupé en lamelles et l'oignon haché.

Étape 3 Tartine le chapeau du burger de ketchup et de moutarde. Ferme le burger. C'est prêt, régale-toi !

LES BONS PLANS

7 SAUCES À TOMBER PAR TERRE

1 Mayonnaise

4 PERSONNES

PRÉPARATION 5 MINUTES

1 jaune d'œuf
1 cuillère à soupe de moutarde
200 ml d'huile neutre
Sel et poivre

Mélange le jaune d'œuf avec la moutarde. Fouette très rapidement le mélange et ajoute l'huile en filet au fur et à mesure. La sauce va prendre facilement et s'épaissir. Une fois que la mayonnaise est montée, assaisonne-la. C'est prêt, régale-toi !

2 Creamy Deluxe®

4 PERSONNES

PRÉPARATION 5 MINUTES

100 g de fromage blanc
1 cuillère à soupe de crème fraîche épaisse
1 cuillère à soupe de mayonnaise
1 gousse d'ail
1 échalote
1 petite poignée de ciboulette
Sel et poivre

Presse la gousse d'ail (à l'aide d'un presse-ail) ou hache-la en tout petits morceaux afin d'obtenir une purée. Coupe l'échalote très finement et hache les brins de ciboulette. Mélange le fromage blanc avec la crème fraîche et la mayonnaise. Ajoute l'échalote, l'ail et la ciboulette. Sale et poivre.

3 Samouraï

4 PERSONNES

PRÉPARATION 5 MINUTES

1 jaune d'œuf
1 cuillère à café de moutarde
200 ml d'huile neutre
1 trait de jus de citron jaune
2 cuillères à soupe de ketchup
1 cuillère à café de harissa
Sel

Mélange le jaune d'œuf avec la moutarde. Fouette très rapidement le mélange et ajoute l'huile en filet au fur et à mesure. La sauce va prendre facilement et s'épaissir. Une fois que la sauce est montée, verse un trait de jus de citron. Ajoute le ketchup et la harissa puis assaisonne selon tes goûts. C'est prêt, régale-toi !

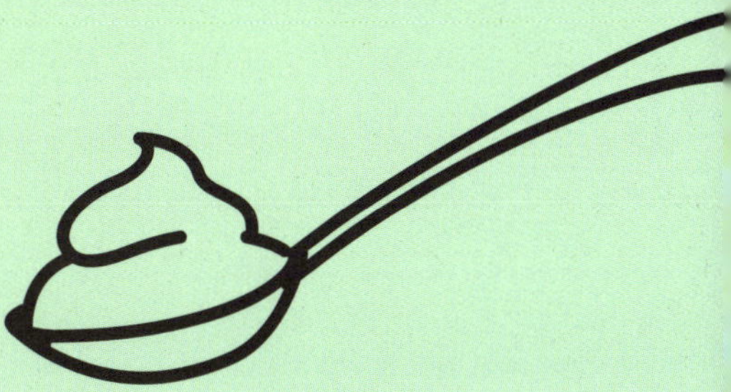

4 Aïoli

4 PERSONNES

PRÉPARATION 5 MINUTES

3 gousses d'ail
1 jaune d'œuf
200 ml d'huile neutre
1 trait de jus de citron jaune
Sel et poivre

Presse les gousses d'ail ou hache-les en tout petits morceaux afin d'obtenir une purée. Ajoute le jaune d'œuf, puis mélange. Sale et poivre. Fouette très rapidement et ajoute l'huile en filet au fur et à mesure. La sauce va prendre facilement et s'épaissir. Une fois que l'aïoli est monté, verse un trait de jus de citron et assaisonne selon tes goûts.

5 Moutarde-miel

4 PERSONNES

PRÉPARATION 5 MINUTES

100 ml de crème fraîche semi-épaisse
1 cuillère à soupe de moutarde forte
1 cuillère à café de sauce soja
1 cuillère à soupe de miel liquide

Mélange la moutarde, la sauce soja et la crème liquide dans une casserole. Chauffe à feu doux jusqu'à ébullition. Ajoute le miel, baisse le feu et laisse la sauce réduire 2 minutes. Laisse refroidir. C'est prêt, régale-toi !

6 Au bleu

4 PERSONNES

PRÉPARATION 5 MINUTES

25 g de beurre
25 g de farine
300 ml de lait
100 g de fromage bleu
100 ml de crème fraîche épaisse
Sel et poivre

Dans une casserole, fais fondre le beurre à feu doux, ajoute la farine et remue avec une cuillère en bois sans que ça colore. Verse ensuite le lait petit à petit, puis ajoute le bleu émietté et la crème sans cesser de remuer jusqu'à ce que ça épaississe. Sale et poivre. C'est prêt, régale-toi !

7 Spéciale burger

4 PERSONNES

PRÉPARATION 5 MINUTES

2 cuillères à soupe de ketchup
1 cuillère à soupe de moutarde
4 cuillères à soupe de mayonnaise
1 poignée de ciboulette fraîche ciselée
1 gros cornichon
Sel et poivre

Dans un bol, verse le ketchup, la moutarde et la mayonnaise, puis mélange le tout. Ajoute la ciboulette. Sale et poivre. Incorpore le cornichon finement haché, puis mélange. Place la sauce au frigo avant de déguster.

VEGGIE

Frites de courgette au parmesan

1 PERSONNE **PRÉPARATION** 15 MINUTES **CUISSON** 20 MINUTES

INGRÉDIENTS

1 courgette

50 g de chapelure

50 g de parmesan râpé

1 œuf

1 filet d'huile d'olive

1 pincée de sel

Étape 1 Préchauffe le four à 200 °C. Coupe la courgette en bâtonnets.

Étape 2 Dans un bol, verse la chapelure, le parmesan râpé et le sel. Mélange le tout. Dans un second bol, casse l'œuf et fouette-le. Plonge les bâtonnets dans l'œuf, puis dans la chapelure, et renouvelle l'opération une seconde fois si tes morceaux ne sont pas assez recouverts.

Étape 3 Pose les frites de courgette sur une plaque recouverte de papier cuisson. Verse un filet d'huile par-dessus et enfourne pendant 20 minutes à 200 °C. Retourne-les à mi-cuisson. C'est prêt, régale-toi !

ASTUCES

Déguste les frites de courgette avec une bonne sauce au parmesan : le combo parfait !

Galettes de légumes

1 PERSONNE **PRÉPARATION** 20 MINUTES **CUISSON** 10 MINUTES

INGRÉDIENTS

1 courgette
1 cuillère à café de sel
1 petit pot de maïs
1 gousse d'ail émincée
1 cuillère à café de paprika
1 jaune d'œuf
30 g de farine
1 filet d'huile neutre

Étape 1 Râpe la courgette et place-la dans une passoire. Saupoudre de 1 cuillère à café de sel et mélange.
Laisse reposer 10 minutes. Presse-les ensuite avec les mains pour faire passer l'excédent d'eau à travers la passoire.

Étape 2 Dans un bol, mélange tous les ingrédients sauf l'huile. Laisse reposer 5 minutes.

Étape 3 Forme des galettes avec tes mains jusqu'à épuisement de la préparation. Chauffe une poêle à feu moyen avec le filet d'huile. Répartis les galettes et aplatis-les avec le dos d'une spatule. Fais-les cuire 2-3 minutes de chaque côté jusqu'à ce qu'elles soient dorées. C'est prêt, régale-toi !

ASTUCES

Tu peux remplacer la courgette par une carotte ou une pomme de terre.

VEGGIE

Riz frit à l'asiatique

1 PERSONNE **PRÉPARATION** 10 MINUTES **CUISSON** 15 MINUTES

INGRÉDIENTS

90 g de riz

1 cube de bouillon de légumes

1 oignon

½ carotte

2 œufs battus

1 gousse d'ail

15 ml de sauce soja

1 filet d'huile d'olive

Étape 1 Fais cuire le riz selon les indications du paquet avec 1 cube de bouillon. Égoutte et réserve.

Étape 2 Émince l'oignon et coupe la carotte en dés. Chauffe la moitié de l'huile à feu moyen dans un wok ou dans une poêle. Fais cuire les œufs 1 à 2 minutes en remuant. Réserve les œufs dans une assiette.

Étape 3 Dans le wok, ajoute le reste de l'huile et fais cuire les légumes de 2 à 3 minutes. Ajoute l'ail haché, la sauce soja et le riz cuit. Fais cuire 1 à 2 minutes à feu moyen en remuant. Incorpore les œufs cuits. C'est prêt, régale-toi !

ASTUCES

Tu peux utiliser un reste de riz déjà cuit. Le résultat sera encore meilleur ! Pour une belle présentation, ajoute quelques brins d'oignons nouveaux juste avant de servir.

Nuggets veggie

1 PERSONNE **PRÉPARATION** 10 MINUTES **CUISSON** 25 MINUTES

INGRÉDIENTS

¼ de chou-fleur
1 cuillère à soupe de farine
1 pincée d'ail en poudre
1 cuillère à café de paprika
1 œuf
50 g de chapelure
3 cuillères à soupe d'huile de friture
Sel et poivre

Étape 1 Découpe les fleurettes de chou-fleur et fais-les cuire 20 minutes dans l'eau frémissante. Une fois qu'il est tendre, égoutte bien et écrase-le dans un saladier.

Étape 2 Ajoute ensuite les épices et la farine. Forme des nuggets. Roule chaque nugget dans l'œuf battu, puis dans la chapelure.

Étape 3 Fais cuire les nuggets dans une poêle bien chaude avec 3 cuillères à soupe d'huile, 2 minutes de chaque côté. C'est prêt, régale-toi !

ASTUCES

Tu peux transformer la forme des nuggets en steaks de nuggets. La cuisson sera de 5 minutes. Sers-les avec la sauce Creamy Deluxe® (voir recette p. 56).

Pizza d'été aux légumes

1 PERSONNE **PRÉPARATION** 15 MINUTES **CUISSON** 20 MINUTES

INGRÉDIENTS

1 pâte à pizza
½ aubergine
1 poivron jaune
125 g de coulis de tomates
1 filet d'huile d'olive
Sel et poivre

Étape 1 Préchauffe le four à 200 °C. Coupe l'aubergine en dés. Épépine le poivron et coupe-le en lamelles.

Étape 2 Étale la pâte à pizza et dépose-la sur une plaque recouverte de papier cuisson. Étale le coulis de tomates par-dessus et dépose les légumes.

Étape 3 Sale, poivre et verse un filet d'huile d'olive. Enfourne 20 minutes à 200 °C. C'est prêt, régale-toi !

ASTUCES

Pour un résultat encore plus gourmand, tu peux ajouter des morceaux de chèvre. Et pour parfumer ta recette, n'hésite pas à ajouter quelques herbes de Provence, du basilic ou de l'origan.

LES BONS PLANS

4 DESSERTS RAPIDES ET SANS CUISSON

1

Verrine yaourt, fruits et biscuits

1 PERSONNE

PRÉPARATION 5 MINUTES

1 yaourt nature
1 filet de miel
1 gâteau, type palet breton
Des fruits

Dans un bol, mélange le yaourt avec le miel. Coupe quelques fruits et ajoutes-en dans un verre avec le yaourt en alternant les couches. Réserve au frigo !

Juste avant de servir, écrase le biscuit et saupoudres-en dessus.

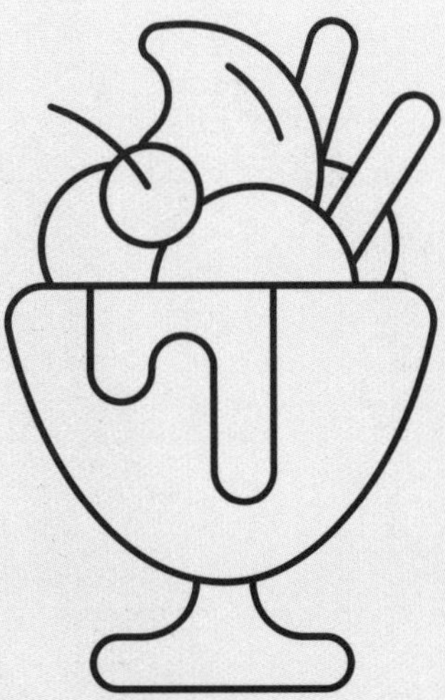

2

Mousse au chocolat

2 PERSONNES

PRÉPARATION 10 MINUTES

70 g de chocolat
2 œufs
1 pincée de sel

Casse le chocolat en morceaux et fais-le fondre avec 1 cuillère à soupe d'eau (soit au micro-ondes, soit à feu doux). Verse-le dans un saladier.

Sépare les blancs des jaunes d'œufs. Ajoute les jaunes dans le chocolat fondu et mélange bien.

Monte les blancs en neige ferme avec une pincée de sel. Incorpore-les délicatement à la préparation au chocolat en soulevant la masse avec une spatule pour ne pas les casser.

Verse la mousse dans des ramequins. Place au frigo 2 heures minimum.

3

Rose des sables

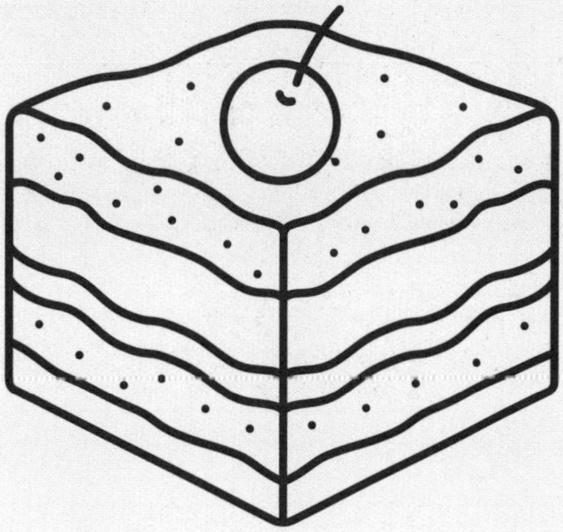

2 PERSONNES

PRÉPARATION 10 MINUTES

75 g de chocolat au lait
5 g de beurre demi-sel
1 cuillère à café de sucre glace
25 g de céréales corn-flakes

Coupe le beurre et le chocolat en petits morceaux. Place-les dans un bol puis fais-les fondre doucement au micro-ondes. Incorpore le sucre glace et mélange la préparation à l'aide d'une spatule, elle doit être lisse et brillante.

Enrobe les corn-flakes de chocolat fondu, remue délicatement pour ne pas briser les pétales.

Dispose des petits tas sur une plaque tapissée de papier cuisson pour former les roses des sables.

Place au frigo pendant au moins 2 heures afin que le chocolat durcisse.

4

Tiramisu

2 PERSONNES

PRÉPARATION 10 MINUTES

2 œufs
10 g de sucre
160 g de yaourt grec à la vanille
1 café expresso
8 biscuits à la cuillère
1 cuillère à café de cacao en poudre

Sépare les blancs des jaunes d'œufs. Fouette le sucre avec les jaunes d'œufs. Ajoute le yaourt grec et mélange le tout.

Monte les blancs en neige et incorpore-les à la préparation afin d'obtenir une crème. Dans une assiette creuse, verse le café et fais tremper les biscuits à la cuillère. Ajoute-les dans les verres.

Verse de la crème par-dessus et recommence une fois l'opération. Saupoudre le tout du cacao en poudre.

Place au frigo 2 heures minimum avant de déguster.

À PARTAGER

Tartiflette à la poêle

4 PERSONNES **PRÉPARATION** 10 MINUTES **CUISSON** 25 MINUTES

INGRÉDIENTS

4 pommes de terre

1 filet d'huile neutre

200 g de lardons

1 oignon

½ reblochon

Étape 1 Épluche les pommes de terre et fais-les cuire dans de l'eau pendant 10 minutes. Une fois le temps écoulé, coupe-les en rondelles et fais-les revenir à la poêle avec un filet d'huile.

Étape 2 Ajoute les lardons et l'oignon coupé finement. Fais cuire le tout pendant 10 minutes.

Étape 3 Ajoute le demi-reblochon coupé en dés et laisse-le fondre 5 minutes. Mélange le tout. C'est prêt, régale-toi avec tes potes !

Pain quiche chèvre-miel

4 PERSONNES **PRÉPARATION** 10 MINUTES **CUISSON** 20 MINUTES

INGRÉDIENTS

3 œufs
500 ml de lait
100 g de farine
3 cuillères à soupe de miel
1 bûche de chèvre
1 pain de campagne
Sel et poivre

Étape 1 Préchauffe le four à 180 °C. Bats les œufs et le lait dans un récipient. Ajoute la farine, le miel, la moitié du chèvre coupé en petits morceaux. Sale et poivre. Mélange le tout et réserve.

Étape 2 Creuse l'intérieur du pain. Verse la préparation dans le pain et ajoute les rondelles de chèvre restantes par-dessus.

Étape 3 Enfourne le pain quiche 20 minutes à 180 °C. C'est prêt, régale-toi !

ASTUCES

Tu peux twister la recette selon tes goûts : remplace le chèvre et le miel par :

- ***jambon + emmental râpé ;***
- ***thon + tomates + moutarde ;***
- ***poireaux + chèvre.***

À PARTAGER

Gratin façon croque-monsieur

4 PERSONNES **PRÉPARATION** 15 MINUTES **CUISSON** 45 MINUTES

INGRÉDIENTS

4 grosses pommes de terre

2 œufs

300 ml de crème fraîche épaisse

4 tranches de jambon

100 g d'emmental râpé

Sel et poivre

Étape 1 Préchauffe le four à 180 °C. Épluche et coupe les pommes de terre en fines tranches. Dans un bol, fouette les œufs avec la crème jusqu'à obtenir un mélange crémeux, sale et poivre.

Étape 2 Dans un plat à gratin, dispose une couche de pommes de terre, une tranche de jambon, de la préparation crème-œufs et de l'emmental râpé. Renouvelle l'opération et finis par une bonne couche d'emmental râpé.

Étape 3 Enfourne le gratin pendant 45 minutes à 180 °C. C'est prêt, régale-toi !

ASTUCES

Pour accélérer la cuisson du gratin, tu peux précuire les pommes de terre avant la cuisson au four (10 minutes dans de l'eau bouillante salée). Ensuite, tu n'auras besoin de faire cuire ton gratin que 20 minutes au four.

Tarte à la tomate

4 PERSONNES **PRÉPARATION** 10 MINUTES **CUISSON** 30 MINUTES

INGRÉDIENTS

1 pâte feuilletée

2 cuillères à soupe de moutarde forte ou à l'ancienne

3 grosses tomates

1 boule de mozzarella

1 poignée d'herbes de Provence

Sel et poivre

Étape 1 Préchauffe le four à 180 °C. Étale la pâte feuilletée dans un plat à tarte, fais des petits trous à l'aide d'une fourchette.

Étape 2 Étale la moutarde par-dessus, puis ajoute des rondelles de tomates et des tranches de mozzarella.

Étape 3 Sale, poivre et parsème d'herbes de Provence. Enfourne la tarte à la tomate pendant 30 minutes à 180 °C. C'est prêt, régale-toi !

ASTUCES

Pour éviter d'avoir une pâte remplie d'eau à cause des tomates, saupoudre de la chapelure dans le fond de la pâte avant de les ajouter. La chapelure absorbe leur jus pendant la cuisson !

Flammekueche tortilla

4 PERSONNES **PRÉPARATION** 10 MINUTES **CUISSON** 20 MINUTES

INGRÉDIENTS

4 tortillas de blé

4 oignons

90 g de lardons fumés

4 petits-suisses

2 cuillères à soupe de crème fraîche

Sel et poivre

Étape 1 Préchauffe le four à 180 °C (mode grill). Dans une poêle, fais revenir les oignons émincés jusqu'à ce qu'ils soient translucides ainsi que les lardons.

Étape 2 Mélange les petits-suisses avec la crème. Sale, poivre et étale le mélange sur les tortillas.

Étape 3 Répartis les oignons et les lardons sur ta préparation et enfourne la flammekueche pendant 10 minutes à 180 °C. C'est prêt, régale-toi !

ASTUCES

Tu peux remplacer les lardons par des allumettes de bacon ou du jambon coupé finement.

LES BONS PLANS

COMMENT SAUVER UNE RECETTE TROP SALÉE ?

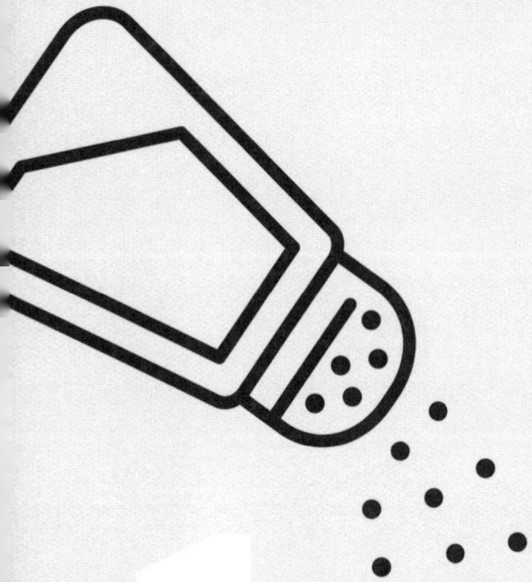

1 Une sauce râtée

• Avec un peu de sucre
Ajoute une cuillère à café de sucre dans ta sauce, laisse-le fondre et mélange bien. Astuce idéale pour les sauces tomate !

• Avec un peu de crème fraîche ou de crème de coco
Ajoute de la crème fraîche ou de la crème de coco dans ta sauce : c'est frais et c'est tellement bon.
PS : Évite d'en mettre dans la sauce tomate !

2 Un plat trop salé

• L'astuce de la pomme de terre crue
Épluche une pomme de terre, coupe-la en deux ou en rondelles et dépose-la dans ton plat en train de mijoter. Tadam, l'amidon va absorber l'excédent de sel. Si tu as un morceau de pain sous la main, ça fonctionne aussi !

• Simplement avec de l'eau claire
Avec les pâtes, le riz et les légumes en cours de cuisson, la solution la plus simple consiste à changer l'eau trop salée. Commence par égoutter les ingrédients dans une passoire, puis rince-les à l'eau claire et reprends la cuisson dans une eau non salée.

• Une touche de jus de citron
Ajoute du jus de citron dans ton plat. L'acidité va permettre de rééquilibrer ta recette ! On y va petit à petit, pas la peine de verser l'intégralité d'un coup.

Table des recettes

EXPRESS

PASTA

WRAPS & CO

VEGGIE

À PARTAGER

Suivi éditorial : Émilie Collet
Mise en pages : Olivier Van Bellinghen

Hachette Livre
58 rue Jean-Bleuzen
92170 Vanves Cedex

5115135
ISBN : 978-2-501-17229-5
Dépôt légal : août 2022
Achevé d'imprimer en juin 2022 par Macrolibros en Espagne

PAPIER À BASE DE FIBRES CERTIFIÉES

hachette s'engage pour l'environnement en réduisant l'empreinte carbone de ses livres. Celle de cet exemplaire est de : 400 g éq. CO_2
Rendez-vous sur www.hachette-durable.fr